N°1
MELON

TOKYO

JN126105

中西俊夫　メロンのむきかた

Tycoon Tosh
Peeling the MELON slowly

Paintings & Clothes

Toshio Nakanishi Tycoon Tosh Peeling the MELON slowly

Texts: Seiji Nagai, Masayuki Kudo, Gota Yashiki, Makoto Kubota,
Yohju Miyazaki (A Store Robot), Yoshi Terashima, Teruyuki Yoshimura, Kimitoshi Sato,
Howie B, Tomoya Kumagai, Hajime Tachibana, momo, Saori Nakanishi
Photographs: tajima kazunali, Ryo Ohwada, Ippei Okuda
Contoribution: momo, Yohju Miyazaki (A Store Robot), Minami Yamaguchi (VIVA strange
boutique), Yasushi Takayama (RUSH! Production)
SAVE THE TOSH!! contributers: Shinichi Osawa, Jyunji Kojima, Hiro Sugiyama,
tajima kazunali, Tomoyuki Tanaka, Tei Towa, Tsuyoshi Nakamura,
Hiroshi Nishikawa, Gota Yashiki

Photography credits
©tajima kazunali: P.37-39, P.41-51, P.56-75
©Ryo Ohwada: P.19-21, P.52-54, P.88-89
©Ippei Okuda: P.22-36, P.40

Edited by Tomoya Kumagai (SLOGAN)
Designed by Shin Watanabe (SLOGAN)

Published by Tomoya Kumagai (SLOGAN)
Printed by SunM Color
ISBN: 978-4-909856-11-1

SLOGAN
#7, 3-3-25 Azabudai, Minato-ku, Tokyo Japan 106-0041
Phone: +81 3-3568-1488 Fax: +81 3-3568-1489
https://www.slogan.co.jp/
info@slogan.co.jp

Contents

中西俊夫は、東京カウンター・カルチャーの象徴だった

永井誠治（DEP'T）

Toshio as Tokyo's another name
Seiji Nagai

もともと俺は、アメリカにヒッピー・カルチャーに憧れて渡ったんよ。それが全部の始まり。

最初はサンフランシスコ。1969年だったから、ウッドストックの年だよね。完全にヒッピー・カルチャーが全開だった。その後、ビル・グラハムのライヴ・ハウス、フィルモア・ウエストで働き始めてね。だから、本当に当時のいろんなバンドを身近で見たよ。オールマン・ブラザーズ・バンドとか、ジェファーソン・エアプレイン、グレイトフル・デッド……全然覚えてないんやけどね（笑）。1975年のザ・バンドの『ザ・ラスト・ワルツ』だけは私用で一時帰国したんで観られなかった。ちょっと残念だったね。

1977年、俺も独立して、シスコで「GOVERMENT」という、デッドストックを扱うお店を開いて、そこにプラスチックスがツアーで来て、それが中西、チカ、ハジメたちとの縁の始まりになったのかな。そしてそのあとで俺はNYにも「DEPARTMENT STORE」、DEP'Tの前身となる店を開いて、そこでもプラスチックスとの付き合いが深まった。彼らはツアーで何度もアメリカに来ていたし、トシはその後NYにずっと滞在したこともあったしね。

初めに会ったときの第一印象は、そうやな、なんやこのケッタイな奴らは！という感じかな（笑）。ワールズ・エンドの海賊みたいな服着て、ペンギンみたいな靴履いててさ。サンフランシスコのnew ageな連中は、当時はまだレイドバックというか土臭いというか、ヒッピーの感じも残っていて、そんな訳分からんカッコした奴はいなかった。そんな中でアジア人がメチャな格好をして現れたわけだからね。当時のカリフォルニアの友人達はビビってたね（笑）。俺はこんな服無理と思いつつ、まだ住んだことのな

い東京のロンドンとの繋がりを目の当たりにしたのを思い出す。だけど、シスコのnew waveの連中とかゲイ・カルチャーに属する人たちからは受け入れられた気がしたね。

いろんなことがあったよ。NYでプラがライヴをやるというからトシチカに誘われて行ってみたら、あいつら結構抜けてて天然やから（笑）、ゲストリストに俺の名前を入れるのを忘れたりしてるわけ。そうするとハジメはそういうところは常識のある大人やから（笑）、ちゃんと世話をしてくれたりしてね。そしてアーヴィング・プラザでやったときかな、チカが事前に倒れちゃってステージに出られなくなったことがあった。その時はトシが、ひとりでなんとかしなきゃならないってことでものすごく気張って、ものすごくいいrockなステージになった。懐かしいね。

その後、桑原茂一とBASSOの石原智一と一緒に原宿にピテカントロプス・エテクトスを開いて、（トシチカの新バンド）MELONはその箱バンドになった。俺はまだサンフランシスコとNYにいて、東京にもDEP'Tを開いていたし、間接的に応援していた。ただ、ピテカンもいろいろ大変なことになってきて、俺もちょうど子どもが生まれたのもあって、そして一度東京にも住んでみたいと思ってたのもあったんやけど、帰って応援せざるを得なくなってきて……今度は直接的な応援やね（笑）。で、チカトシはDEP'Tでオリジナル・ブランドのMELON COLLECTIONをつくったり、チカもCHICA BRANDを独自につくったりして、一緒にモノ作りをするってのは自然な流れではあったね。俺もトシとバリで遊び回ったこともあったし、チカをメキシコに連れて行ったりして遊びながら旅をしてモノ作りをした。あ、そうそう、あのふたりは、俺の子どもともよく遊んでくれた。まだトシチカには子どもはいなかったけど、純朴というか天然な連中なんで、自然に子どもとは波長が合ったんじゃないかな。特に娘は、知らぬ間にふたりに影響されたことも多かれ少なかれあったと思う。

いま思うと、当時のトシとチカは、互いに影響を与え合いながら、いろんなものをものすごいスピードで吸収して、純粋に自分の世界を作っていったなという印象やね。売れるか売れないかではなくて、どんな分野のものであっても、一番いいもののど真ん中を迷いなくピックアップすることができた。感

性が柔らかいというと普通すぎるかもしれないけれど、とにかく受容のアンテナが鋭かったというのかな、俺のアンテナとは違ったから、興味があったし、見ててもおもろかった。

だから、いま、中西俊夫とはなんだったのかを考えると……そうやな、結局、東京の象徴だったんやないかと思うな。あくまでカウンター・カルチャーのね。1980年代を前にして東京という都市が世界的に普通に認められてきたそのときに、その象徴として世界に現れたカウンター・カルチャー・スター。それこそが中西俊夫であって、プラスチックス、MELONだったんやないかな。それはYMOではないんだよ。彼らはイケてる東京の象徴ではなかった、少なくともシスコとかNYにいた俺にとっては。今面白い動きをしている年寄り、そしてちょっと若い連中にも、トシの生き様に影響を受けた人は多いんじゃないかな。

そうね、楽しい付き合いやったね。あの時代の独特な空気感を吸い込んで出来上がったトシの存在──今の時代、もうなかなか出てこないやろうね。
（談）

永井誠治
1969年、17歳で初渡米。1983年、31歳で帰国。東京に移住。2009頃には現役引退。現役の頃から社長業というより物作りが好きなので、今もやってることは大して変わらない。但し今はお金とは関わっていないけど。来年あたり友人とどこかのギャラリーでなんかするかも。予定はいつも未定ですがw

メロンの日々

工藤昌行

MELON days
K.U.D.O.

最初にトシちゃんに出会ったのは、オープン前の原宿ピテカントロプスだった。

僕は当時DJをしていたクラブ、クライマックス閉店のタイミングでピテカンのオープニング・スタッフとして桑原茂一さんの企画／制作を手伝うようになって、そこで当時13人編成のMELONのライヴのサポートやローディ的なことをしてたんだけど、その後徐々に出しゃばるようになって（笑）、新編成になったMELONのメンバーになったという経緯。

トシちゃんは、NYで生まれたばかりのヒップ・ホップカルチャーを体験して、その影響をモロに受けていた時期だった。MELONは後にターン・テーブルだけをバックにしたツアーをやったりもするんだけど（Wheels of Steelsツアー）、まだその当時は、坂本みつわもキーボードに入っていて、豪太、僕、そしてチカ・トシというメンバーだった。

シンセ、ギター、MIDIシーケンサー、ドラムマシーンとターン・テーブルという編成で当時のエレクトロ・ヒップホップのライブ演奏というトシちゃんのアイデアはやはり新しかったと思う。ビジュアル的にも映画『トロン』の蛍光メイクアップやシンセのペイント、ブレードランナーっぽい照明、マッドマックスな衣装やオブジェ（腕に取り付けたダメージ加工のマイクロシンセ）などは斬新だったな。

「Serious Japanese」あたりがその頃の作品。ピテカンをはじめ、六本木インクスティクや、イタリアなどの海外でライヴもしてたんだけど、その後、みつわが抜けてさらにコンパクトな4人組になった。

それから「Serious Japanese」がイギリスのヴァージン・レコードから発売されたのをきっかけに、アルバム制作のために渡英した。ここからできたのが『Deep Cut』だね。音楽もエレクトロからサンプリング・コラージュへ音の傾向が変わっていく時代、1986-7年ごろかな？　ロンドンやNYのトシちゃんのネットワークを活かしてネーリー・フーパー／DJマイロのワイルド・バンチやジャジー・Bなんかとも交流するようになって、レア・グルーヴ、ブレイク・ビーツの要素にトシちゃんが大好きだった映画の世界観やエキゾチック・ミュージックなども取り入れていったアルバム。帰国前にアストリア・シアターで単独ライブもやったな。

帰国後、東京からヒップ・ホップを発信するレーベルということで、同じアンテナを張っていたタイニー・パンクス（高木完／藤原ヒロシ）とMajor Forceを設立したのが88年ごろ。

ここでは最初ヒップ・ホップを中心に色々な作品をリリースしていたんだけど、天才・中西俊夫は保守的なヒップ・ホップの枠には収まらず、自身のバック・グラウンドでもあるロック／ニュー・ウェイヴやエキゾチック、レゲエ／ダブ等を取り入れて、ヒップ・ホップ・ミュージックの可能性を広げていった。サブレーベルでもあるDown to Earthも、トシちゃん中心に展開していった。

その頃豪太は先にロンドンに移り住み、ネーリー・フーパーとソウルⅡソウルの「Keep on Movin'」をヒットさせる。僕らもヒップ・ホップ後の歌もの／ポップスに可能性を感じていて、Love T.K.O.をスタートさせていた。僕らのその頃のヒップ・ホッ

プは、あくまで、ロックやNWを通過したヒップ・ホップなんだよね。Love T.K.O.は音楽的にも間口が広いロンドン／ヨーロッパでの反応が良かった。NYでもLAでもない、音楽の作り方や方向性が違うんだよね。サンプリングの元ネタ、機材の使い方なんかもね。

というわけで、Love T.K.O.のアルバム制作の環境をロンドンに移すことに。

トシちゃんも僕も、家族を連れての移住だったから、大変だったね。ネットも携帯もまだなかったし、今思うと考えられない決断だったけど、僕的にはトシちゃんチカちゃんが一緒だから大丈夫、と頼ってたし、ロンドンでの生活、制作活動への期待感の方が優ってたような感じだった。

DIYでスタジオ構築し、機材や楽器なんかも徐々に揃えていった。僕らは共通してヴィンテージ楽器にも興味があったから、古い機材や楽器、レコードからインスパイアされた曲作りもT.K.O.用にストックしていった。

その頃、後にMo' Waxを設立する若きジェームズ・ラヴェルとの出会いもあって、ハウイ・Bを紹介されて、彼はT.K.O.のエンジニアとして参加、アルバム『Head Turner』を完成させる。その後もスタジオをMo' Wax内に移し、Major Force West、マット・デュカスとのSkylab、Water Melonや数々のRemix等など……ロンドンでひたすら制作の日々に入るわけですね。

90年代のロンドンというのは、ドラムン・ベース／ジャングルが流行りだした頃。クラブはもうイケイケだった。でも、僕らはレイドバックしてたんだ（笑）。トシちゃんはニール・ヤングばかり聴いていたし、僕もレア・グルーヴばかり聴いていた気がするな。だからMo' Waxのトリップ・ホップと合ってたのかもしれない。Love T.K.O.でもMFWでもSkylabでも……当時の仕事をよく聴いてもらえると、その頃の僕らの感覚が上手く伝わると思う。

最近『Group of Gods』が再発されたけど、あれも、ヒップ・ホップ通過後のエギゾティック・ミュージックと捉えることができるよね。

トシちゃんは車の運転をしなかったから、ロンドンではいつも僕がスタジオへ送り迎えをしていた。そのとき同乗したトシちゃんはいろんな話をしてくれるわけ。その時読んだ本とか——彼はすごい読書

家だったから、今何を考えているかとか、それこそ宗教論や都市伝説、陰謀論的なことまでを音楽やアーティストと絡めて話をしてくれた。毎日が勉強で、僕は彼についていこうと必死だった気がする。

トシちゃんの才能は傍から見ていてもすごくて、やることなすこと、音楽の方向性はもちろん、ファッションやアートワークに至るまでアイデアや思考が柔軟なんだよね。レコーディングの現場でも、そこでテープを逆回転にして！みたいな、エッ？という指示が即座に出せて、それが実に素晴らしい結果だったりする。技術屋的でディテールに没頭する僕とは反対で、物事を俯瞰して見ることができる、一瞬で世界観を変える能力が羨ましくも思う。

色々な言動が未だに僕の記憶に残ってる。未だに、なにをするにしても、トシちゃんだったらどうするかな、と僕自身よく考えることがある。

現在はMajor Forceとしての作品作りもしているけど、高木完ちゃんがその役割を果たしてくれているよね。そういう人が僕には必要なんだよね。（談）

工藤昌之 / K.U.D.O（Major Force）
世界トップクラスのサウンドクリエイターであり、日本HIP-HOPのオリジネイター。1980年代にMELONに参加。1988年、高木完、藤原ヒロシ、中西、屋敷と日本初のヒップホップ・レーベル『MAJOR FORCE』を創立し、SDPやECDらを輩出。1992年制作活動の場をロンドンに移し、Mo' Waxのオーナー、ジェームズ・ラヴェルと共にU.N.K.L.E.を結成。Massive Attack、Beck、Jon Spencer Blues Explosion、Conelius、Mr.Children等々のリミックスを手掛ける。2000年代の帰国後は高木完と共に"A Bathing Ape" NIGO氏のレーベルAPE SOUNDSで活動を始め、多数のプロデュース、リミックス作品を残す。その他UNDER COVER、NUMBER NINE、TAKEO KIKUCHIなどのショー音楽も手掛ける。現在はフリーとして活動。近年では藤原ヒロシと共にマイケル・ジャクソンの公式リミックス・アルバム『MICHAEL JACKSON/JACKSON5 REMIXES』を発表。

20 YEARS
BEFORE
EMINEM
←

THIS GIG
WAS ON A
BIG CRUSER
SHIP ON

ME —
WEARING
WORLD'S
END
WITCHES
COLLEC
TION

TOKYO BAY
← 300m? →
DIABOLO

KIETH HARRING

macralen

westwood

worlds
end

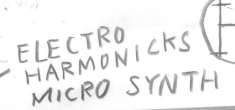

ELECTRO HARMONICKS MICRO SYNTH

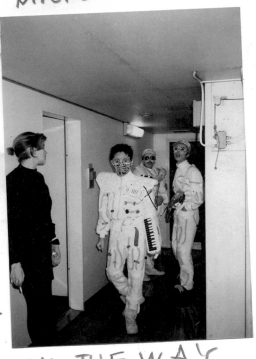

CLOCKWORK ORANGE?

ZZZZ

IT WORKS!

ON THE WAY TO THE STAGE

I SWASHED MY FINGER WITH DOOR, SO I COULDN'T PLAY GUITAR SO I INVENTED KEYBOARD ARM

*

TYCOON TO$H
&
TERMINATOR
TROOPS

かけがえのない恩師

屋敷豪太

My precious master
Gota Yashiki

　トシちゃんに会ったのは、1982年の夏だったと思う。チカちゃんトシちゃん工藤ちゃんが、あの頃はMUTE BEATの前身だったかな？　僕がドラムを叩いていたバンドを見に来てくれたんだよね。彼らは、スペシャルズみたいに、スネアをカン！と鳴らすドラマーを探していたらしい。それで誘われてMELONに入ったんだよね。

　印象は……当たり前なんだけど、ものすごくオシャレな人たち。トシちゃんはヴィヴィアンの見たこともない裁断のスーツを着ていて、チカちゃんも当時はスタイリストとしてガンガンで、つまり、東京の中でも抜きん出てかっこいい人たちだったんだよね。僕は京都から東京に出てきて間もない頃だったんだけど、そこでそういう人たちに出会ってしまった。

　ピテカンとかでMELONのライヴに参加することになって、MELONの1stアルバムの曲を中心に演奏するわけだよね。あのアルバムのドラムスは高橋幸宏さん、ベースはパーシー・ジョーンズと細野晴臣さん、キーボードにバーニー・ウォーレル、ギターが土屋昌巳さんかな、とにかく洗練されているんだよね。僕にとってはすべてが斬新で、奇抜で、僕の辞書にはないものだった。当時の僕の音楽の知識はクラシック、ロック、ジャズくらいだったわけだけれど、テクノも知り、ニュー・ウェイヴも知り、音楽の可能性とか、ジャンルを超えたものすごい深さのようなものを学んだ。今思えば音楽的にも一番ブッとんでいる人達といきなり一緒にやれたわけで、本当に幸せなことだったよね。

　1985年、MELONでロンドンにレコーディングに行くことになった。この時のセッションが『Deep Cut』になるんだけど、僕はその時にいろんな人種

のいろんな人たちと出会って、完全に打ちのめされてしまった。ロンドンで、世界レベルの音楽の凄さ、楽しさを知ったんだよね。それでMELONとMUTE BEATをお休みさせてもらって、もう、本当に何も考えず、1988年の8月にイギリスに渡った。ロンドンで出会った何人かのDJとかミュージシャンの電話番号を知っていただけだったんだけどね。

　その後ネーリー・フーパーのSOUL II SOULの制作に加わったりするようになって、シンニード・オコーナーの制作とかも行って、シンプリー・レッドに参加するようになったんだけど。なんで上手く行ったかって……単純に、無鉄砲というか、バカというか（笑）、何も考えてなかったの。英語もできなかったけど、ギターはギターだし、ドラムはドラムだし、RUN DMC、イェー！　ジェームズ・ブラウン、イェー！　とか、それでいいもん（笑）。音楽には音楽という共通言語があるからね。

　中西俊夫とはなんだったのかと考えると、まず僕にとってはかけがえのないお兄ちゃんだよね。音楽の先生という領域だけではなくて、子どもの頃にマンガとかビデオとか廻し読みしたり貸し借りしたりするじゃない？　ああいう関係性でもあった。一緒にいる頃にヒップ・ホップが世界を席巻し始めて、その衝撃を受けて、ふたりで、いや、工藤ちゃんも一緒に、ものすごくのめり込んだよね。あれは本当に音楽にとって革命的な出来事だった。文字通りになんでもあり、なんだからね。

　その頃、僕がピテカンのギャラだけでは生活ができなくなってきて、トシちゃんに相談したことがあった。そしたらトシちゃんは、マネジメントの人に、僕のぶんを削ってでもゴータに払ってやってくれと言ってくれた。そういう意味でも、やっぱり、お兄ちゃんだよね。あの頃はウォーター・メロンもあったから、週3日はピテカンにいたのかな。だから本当に毎日一緒にいたようなものだね。

　僕に続いて、その後トシちゃんと工藤ちゃんも家族と一緒にロンドンにやってきた。やっぱり来たよね、こっちの音楽シーン、おもろいよね、という感じだった。ちょうどシンプリー・レッドのツアーがたくさんあるころで、そんなに頻繁には会えなかったんだけど――せっかくロンドンまで来たのだから、お互い東京に居るときとは違うことをやろうという暗黙の了解があったのかもしれない。それでも時折

レコーディングを一緒にしたりもしたし、みんな家族がいたから、そういう家族同士の付き合いは多々あったよね。

　そして2000年代になって、トシちゃんも僕も日本に戻ってきた。僕もプラスチックスの再結成を手伝ったり、トシちゃんは僕の50歳の誕生日のイベントにも参加してくれたりしたね。

　トシちゃんを新しく知る人に言いたいのは、本当に中西俊夫は唯一無二の、なかなか出会えない人であったということだね。次にああいう存在が出てくるか、それはなかなか難しいかもしれない。それでも、ああいう日本人がいたということは知られるべきだと思う。本当に探究心が旺盛な人で、人間の進化にはいろいろな方向性があるとは思うんだけど、その一番かっこいいところの進化を追求していた人だった。一見わかりづらいかもしれないけど、その詞とか音楽とか、本当によく深掘りしてみると見えてくることがたくさんあると思うよ。その死は本当に早すぎた。

　トシちゃんがいなかったら、今の僕はいない。本当に、かけがえのない恩師だった。（談）

2010年、プラスチックス No World Tour に屋敷氏は参加

屋敷豪太

1962年、京都府綾部市出身。1982年 MUTE BEAT 結成。MELON を経て1988年に渡英　ロンドンを拠点に様々なライヴやレコーディングに参加。全英1位となった soul II soul、同じく全英1位となったシンニード・オコーナー、更にはグラミー賞主要3部門を受賞した SEAL の作品に参加。そして全英を代表する世界的人気を誇るシンプリー・レッドの正式メンバーとして加入し、約2年に渡るワールドツアーを行う。日本を代表するグルーヴアクティベーター、サウンドクリエイター、ドラマー。https://gota.com

I DON'T KNOW WHERE
I REMEMBER.

IS THIS
PLEASE
SOME
ONE

(THIS IS LA FORET MUSEUM)

LET ME
KNOW

LA
FORET?

PROBE~~R~~ABLY
PITHECAN

PHOTO BY HIRONO

THAT
MAD
TEE PEE
~~IS~~ WOZ
GENE
KRELL'S
IDEA

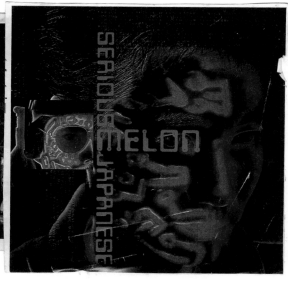

ルーツそのものに触れられる男

久保田麻琴

The man who can touch the roots directly
Makoto Kubota

PECKER『I・RASTA - REBOOTED BY MAKOTO KUBOTA』

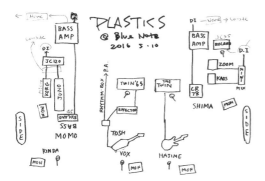

Blue Note Tokyo公演時のステージ・プロット図

　トシとの縁は、音楽家同士ということはもちろんだけど、実は、イラストレーター / アーティストとしての彼との付き合いも深かった。PECKERの『I・RASTA - REBOOTED BY MAKOTO KUBOTA』というアルバムのジャケットのイラストをお願いしたり……。そしてプラスチックスとしての最後のライヴでもエンジニア / ミックスをして、あれはぶっちぎりで楽しい出来事だった。トシは、さおり夫人に初めてプラがどんなバンドだったかを理解してもらえたって言っていたよ。エンジニア冥利に尽きるよね。そして最後のソロ・シングル「Children of the Radiation」も作った。思えば不思議な縁だったね。

　もともと、トシと私はルーツが違う。年齢も私が少し上で、彼はロキシーやボウイ、私はグレイトフル・デッドとかニュー・オーリンズ・ファンクがルーツ。全然違うよね。ただ、時代の波というものはあって、たとえばサイケなSFロッカー達のルーツが意外とフォークやブルー・グラスだったり、パンク / ニュー・ウェイヴから出てきたエルヴィス・コステロもルーツがカントリーだったり。UKロック・ルーツのプラスチックスがニューヨークで受けて、私がサンディ＆ザ・サンセッツでニュー・ウェイヴっぽいことをやればイギリスやオーストラリアで受けた。JAPANやINXSからも一緒にツアーしようと声がかかったりね。だから、ルーツ・ミュージックとの距離感が面白かったりする。

　本格的な付き合いが始まったのは、彼がロンドンに行っているときだった。それまでもインクスティックやピテカンで顔を合わせて情報交換くらいはしていたんだけど。もともとカジュアルな印象だったけれど、ロンドンに行ってからはさらに付き合い

やすい奴になっていた。とにかく切り口が明確で、自分のプレゼンがしっかりしている。そして変に武装することも全くなく、格好をつけるということがないんだよね。これはよく考えるとわかるんだけど、本当の知性があるということなんだよ。

そしてたぶん、トシの一般的なイメージはそうじゃないと思うんだよね。プラ初期の頃も、イラストレーターとかグラフィックデザイン事務所にいたようなチャラチャラした奴らがいきなり海外に行ってセントラル・パークでやるなんて許せねえ、とかさ（笑）。真面目なミュージシャン達って了見が狭かったりもするし、反発もあったと思うんだ。

でも、トシは本当にコアな男で、稀に見る知的な男だった。本人もそれを持て余していたんじゃないかな……いや、なにも考えてなかったかな？（笑）

でも、彼にはまだ理解されていないという焦りがあったと思う。あのヘラヘラっぷりも、どこか強迫的なものがあったよね。

そしてプラスティックスは、特に最後のライヴ・アルバムを聴いてもらえればわかると思うんだけど、本当に、まぎれもないロックンロール・バンドだったよ。ヘヴィなギターとかうるさいドラムとか、そういうステレオタイプな様式美ロックのイメージとは無関係な次元で、原初的にロックンロールがアメリカで発火したときの感覚を保ち続けていた。

だから、彼らがNYとかアメリカで受けたというのはすごくよく分かる。僕らがカツ丼やラーメンのうまいまずいを一発で判断できるように、アメリカのオーディエンスはロックの良し悪し／ルーツの有無を一発で判断できるところがあるんだよね。テクノだとかアートだとか意匠やモードとは別次元で、ちゃんとしたロックンロールの要素がくっきり見えているようだよ。それは、最近再評価が拡がっている裸のラリーズも同じ現象。

プラスティックスのトシチカハジメの組み合わせは、本当に奇跡的なものだった。二人のナマなギターにチカのオリジナルな素っ頓狂さ、そこに島さんの安っぽいドラム・マシンがかぶさる……。あれは狙ってもできないし、たとえばブルーズをコピーしたストーンズのように、生まれっぱなしのロックンロール、その純粋培養の二次感染なんだ。間違いなく、ロック・ヒストリーの中のルーツのひとつになっていると思うよ。

だから、繰り返しになるけれど、私がプラスチックス最後のライヴに関わることができて本当によかった。メンバーもよかった。モモちゃんもリンダもキレキレだったよね。メンバー間にも火花が散って、客席にも火がついたのがわかった。マジックが生まれていたよ。だから、よしここで世界に行ける、と私も思った。それがその後トシのガンが見つかってああなるとはね……私の人生の残念な出来事のワースト3には入る。惜しかった。残念だったね。

中西俊夫とはなんだったのか？　そうだね、月並みかもしれないけれど、一種のルネサンス・マンの一人だろうね。音楽に関しても、アートでも、超特急でそれぞれのルーツのコアに触れることができたし、器用でもあり、プリミティヴな部分もあった。同時代的なアンテナも立っていたからか、同時代の人から見ると、もしかしたらスタイルをマネているようにも見えてしまう可能性があったと思う。でもね、違うんだな。

あの年齢で旅立ってしまったのは、あまりにも早過ぎた。太く短く生きた、ということなのかもしれない。ただ、それ故に得られた彼の表現とか実績というものもあるのかもしれない。それはサスティナビリティだけでは割り切ることができない。残された者が、光を当てて彼の業績を守っていくべきだろうね。（談）

PLASTICS『A』。2016年のBlue Note Tokyo最終公演を収録

久保田麻琴
裸のラリーズ他数々のバンドで演奏、海外での演奏や録音経験も豊富。浜田真理子の新作など多くのアーティストのプロデュースを手掛け、阿波踊りや岐阜県郡上の盆踊りなど日本の音楽の録音／CD制作も行う。細野晴臣や、ライ・クーダー、レボン・ヘルムとも作品で共演。宮古島の古謡を題材とした映画 Sketches of Myahk の原案整音出演を担当、スイス ロカルノ国際映画祭ドキュメンタリー部門でSpecial Mention を獲得。約3万人の観客動員。大友克弘の最新短編アニメ、火要鎮の音楽担当。
www.makotokubota.org

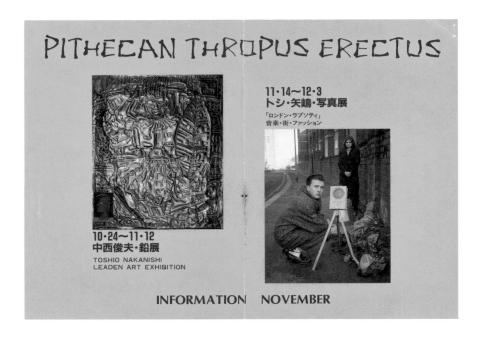

ピテカントロプス・エレクトス、1983年のフライヤー（表）
Pitechan Thropus Erectus Flyer (1983 / front)

ピテカントロプス・エレクトス、1983年のフライヤー（裏）
Pitechan Thropus Erectus Flyer (1983 / back)

Pitechan Thropus Erectus stone plate #1 (1982)

Pitechan Thropus Erectus stone plate #2 (1982)

Tycoon Tosh Paintings

MASKS (Early 1980's)
OIL ON CANVAS

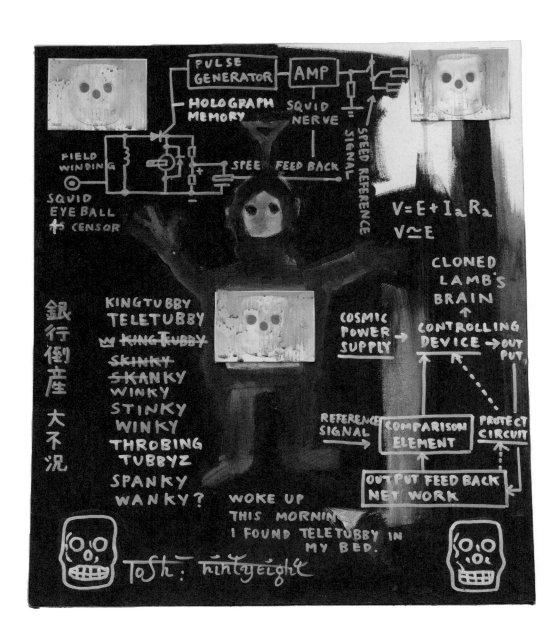

銀行倒産 大不況 (Late 1990's)
OIL AND ACRYLIC ON PAPER

SUCK IT AND SEE (1999)
OIL AND ACRYLIC AND MIXED MEDIA ON CANBVAS

I ♡ IT MURDER (2014)
COLOR PENCIL ON PRINTED PAPER

LET IT SPACE ROCK（2014）
宇宙をロックさせよ
OIL AND ACRYLIC ON CANVAS

GUTS ALIEN VS SEVEN（2014）
ガッツ星人対セブン
OIL AND ACRYLIC ON CANVAS

LET IT ROCK 430 KING'S ROAD #1（2014）
430キングス・ロード #1
OIL AND ACRYLIC ON CANVAS

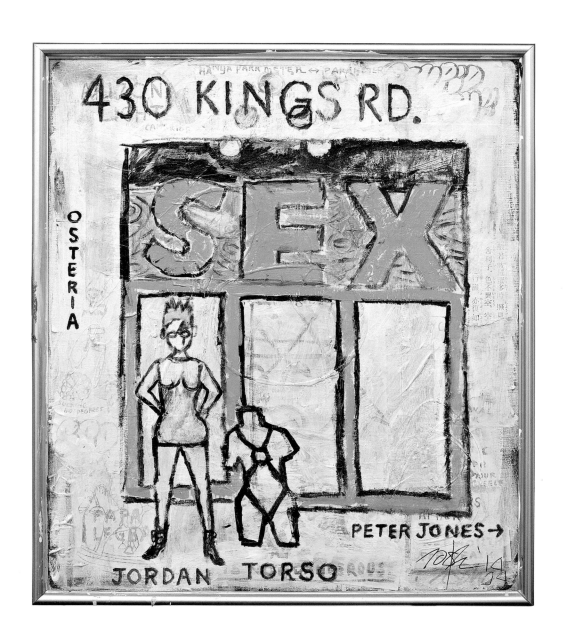

430 KING'S ROAD #2（2014）
430キングス・ロード #2
OIL AND ACRYLIC ON CANVAS

HELLMESS #9　GERONIMON（2014）
ヘルメス #9 ジェロニモン
OIL AND ACRYLIC ON CANVAS

SEARCHER XL 508（2015）

Before

CHILDREN OF MARX AND COCA COLA（2014）
マルクスとコカコーラの子供達
OIL AND ACRYLIC ON CANVAS AND MIXED MEDIA

After

STEREO ZIPBA'P CF-6500 (2015)

Before

ALL YOU NEED IS WEAPON（2014）
兵器こそすべて
OIL AND ACRYLIC ON CANVAS

After

ENERGY 3 RUN CFS-88（2015）

LOVECALL W (2015)

MELON NO.1 (2014)
メロン・ナンバー1
OIL AND ACRYLIC ON CANVAS

BIG BEN MRX-20 (2015)
OIL AND ACRYLIC ON CANVAS

THE MESSAGE: DO WE REALLY NEED NUKES (2016)
OIL AND ACRYLIC ON CANVAS

Before

MELODY SEARCHER-W MR99 (2015)

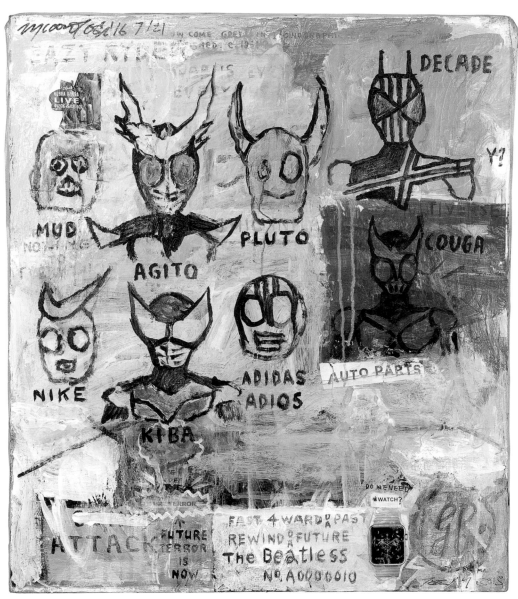

After

MASKZ (2016)
OIL AND ACRYLIC ON CANVAS

Before1

Before2

TYCOON & CO.（2014）
OIL AND ACRYLIC ON CANVAS

AUTO DISC V2（2015）

After

TYCOON & CO. (2016)
OIL AND ACRYLIC ON CANVAS

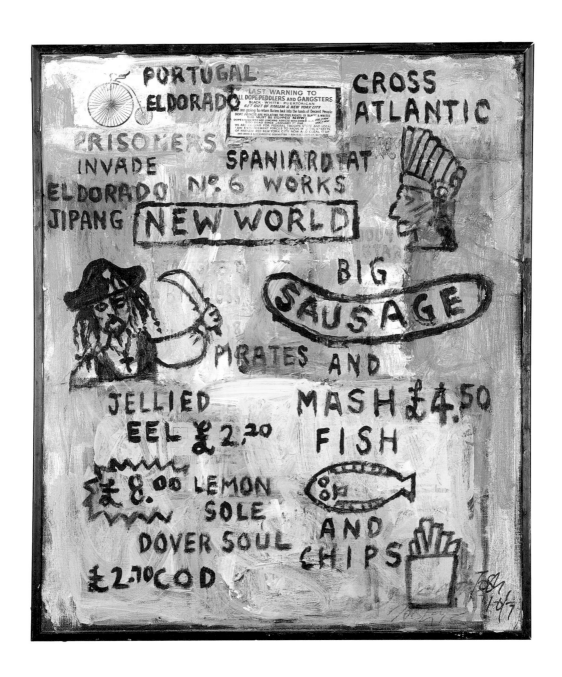

NEW WORLD BIG SAUSAGE (2016)
OIL AND ACRYLIC ON CANVAS

ALL YOU NEED IS WEAPON (2016)
OIL AND ACRYLIC ON CANVAS

OUTASPACE STRATOSPHIRE DEEP SKY (2016)
OIL AND ACRYLIC ON CANVAS

RIGHT / WRONG (2016)
OIL AND ACRYLIC ON CANVAS

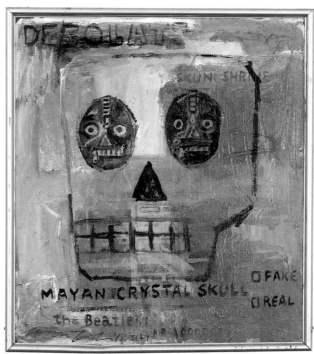

MAYAN CHRYSTAL SKULL (2016)
OIL AND ACRYLIC ON CANVAS

TRIPPY MICKY MOUSE WAS WEAPON
FROM CHILDHOOD (2016)
OIL AND ACRYLIC ON CANVAS

DEBRIS DEEP IN THE POOL (2016)
OIL AND ACRYLIC ON CANVAS

PLASTICS ROBOT COPY #1 (2016)
OIL AND ACRYLIC ON CANVAS

PLASTICS ROBOT COPY #2 (2016)
OIL AND ACRYLIC ON CANVAS

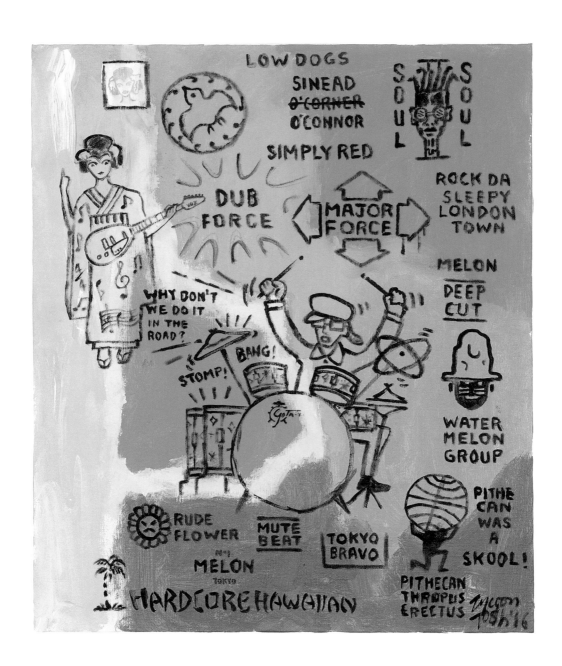

GOTA (2016)
OIL AND ACRYLIC ON CANVAS

CRY BABY CRY (2016)
OIL AND ACRYLIC ON CANVAS

PLASTICS Anarchy in T.K. (1977)
SILKSCREEN PLATE

PAINTED GETTO BLASTER (Mid 1980's)

PAINTED BOOMBOX (2016)

T.V. DOG ON A DOG (2012)
DRAWING ON PLUSH TOY

WITH
MALCOLM
MAC LAREN

Tycoon Tosh Clothes

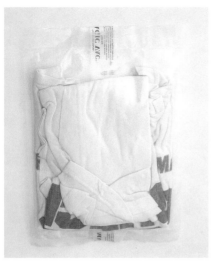

マルコム・マクラーレン「Double Dutch』の
プロモーション用Tシャツ。マルコム本人から
中西がもらったもの

ワールズ・エンドのオリジナル・パイレーツ・パンツ。
1982年。中西は同年に同ブランドのパリ・コレクションに出演

ワールズ・エンドのオリジナル・マフラー。1983年。
中西は好んで着用

マルコム・マクラーレン『duck rock』
Tシャツ

1977-8年のシルク・スクリーンによる
オリジナル・プラスチックスTシャツ

古着のモンドリアン・シャツ。
1981年収録のプラスチックス DVD『ライブ帝国』でも着用

中西がクラブキング在籍時に製作した
『BLADE RUNNER』Tシャツ復刻版。
中西は同作品に公開当時から熱中していた

『Twin Peaks』ブートレッグTシャツ。
デヴィッド・リンチを敬愛する中西が愛用

中西本人がペイントしたライダース・ジャケット

中西俊夫が提供した生地を、Robotにてパラシュートジャケットに仕立てたもの。ストラップ部分に、他のベストから取ったパーツを縫い付け

古着で見つけてきたミリタリー・ジャケット
に中西俊夫自らワッペンをつけてカスタムし
たジャケット

ミリタリーのヘルメット・バッグに中西が
ワッペンをつけて独自にカスタム。晩年愛用

2000年代初頭、Skylabのライヴ時に着用のジャンプスーツ。
中西本人のブランドROCK HARDのアイテム

Major Force オリジナルのスタジアム・
ジャンパー

中西本人のブランド、Sublime Sucka で製作したボンデージ・パンツ

中西のリクエストによってピンクのサテン生地を貼り付けたボンデージ・パンツ。Robot 製作

SEDITIONARIES モヘア・セーター。
Robot 製作

ヴィンテージのスクール・ジャケットに直接
マジックで文言を描き込み、ラベルに着色し
てSEDITIONARIESに近い雰囲気を出したも
の。着色方法にもSEDITIONARIESらしさが
見られる

ベースはSEDITIONARIESのTシャツ。その
上に中西が「CHAOS」を直接描き込んだもの

MELON Tシャツ。CHANEL をもじった代表的なグラフィックを使用

MELON Tシャツ。中西の発案によって配色はプラスチックス・カラー。ROBOT 製作

Hardcore Hawaiian Tシャツ。
2000年代前半に Robot 製作

China Syndrome Tシャツ。1987年

SEDITIONARIESのTシャツ上に、プラスチックス「COPY」ジャケットをプリントしたもの

ラジカセ・バンドのTycoon Tosh + The Ghetto Blasterz結成時のTシャツ。BEAMS製作。マルコムとヴィヴィアンのToo fast to live, Too young to die Tシャツのパロディ

ハンドペイントでカスタムしたアディダス・
スタンスミス

Gazelleのサングラス。晩年まで愛用

Pulsarの時計。晩年まで愛用

俊夫―この間も、"アフタヌーン・ショー"見てたら、大阪で乞食してるお婆ちゃんがいて、一日の上がりが一万円だったんだって。別荘があって、車はシボレーなんだって(笑)。今、ミュージシャンはそれ以下だね。かわいそうに。

俊夫―やっぱり、売り上げが一、二万枚じゃ、終わりだよね。そういうのも、負け犬の遠吠えと言う(笑)、十八歳ぐらいが多いのかな。

俊夫―メロンのファンて、十八歳ぐらいの、地方の高校を出て、文化服装に入ったような子が見にくるんじゃない(笑)。

SV―かわいいですよ。

SV―それ、本音?

俊夫―本音。本音?

SV―一年ぐらい前は、ファッションとして、ピテカンに来るみたいなとこがあったけどね。やっと落ち着いてきたので考えられない。

俊夫―この間、長野へツアーで行ったんだけど、地方公演ってさ、大嫌いだな。ステージで演奏してる時はいいんだけど、それまでにバカバカしいことが余りに多いんで、メゲちゃう。

SV―じゃ、コンサート・ツアーなんてちゃんとやってるじゃない。娼ぐらいじゃないから、ボクのサービスしないし、媚びないから(笑)、ケンカもしちゃうんだけど。

SV―じゃ、地方で不完全なものを見るより、東京で完全なものを見たほうがいいよ。

俊夫―お得で。

SV―じゃ、ピテカントロプス。から離れられないねえ。

俊夫―そうだね。おカネ。おカネもほしいし、動いて…

SV―じゃん、動いてよ。

俊夫―原宿見物もできるぜ。とにかく東京で完全なものを見たほうがいいよ。

SV―話を聞いてると、絶望的な感じになってくるな。

俊夫―絶望的だよ。六〇年代にもあった...

じゃない? ビートルズがツアーするの嫌なんちゃっちゃって、ストーンズにしてもコンサート・ツアーやめちゃったことがあったからね。レコードで演ってる音が出せない。ボウイだってヒドイもんねガンが来た時に。麻薬のことで、「日本だと」って訊いたら、「明日の晩までに調べておきます」って答えたじゃない。

チカ―おかね。唐突にでは、即答せよ。

SV―違う。"アンアン"でやった。

SV―萩元晴彦氏と寺山修司氏が六〇年代に制作したテレビ・インタビュー番組「あなたは……」に基づいた。

チカ―ウーン、好かれている時はあるんだけど、愛してるって言われたらゾッとするけど。……

俊夫―何歳になるの?

チカ―とにかく、百歳、百歳にはなるもんじゃないの。

SV―最後にお訊きしますが、あなたはこの場所を占めている者ですか。

チカ―横を向いて、「それは秘密です。」

衣裳協力:ワールズ・エンド

チカ―二百万!
俊夫―二十万ぐらいかな。一ヵ月、二十万。
チカ―あのね、不幸だったことがないような気がするので、故にハッピー。
俊夫―かわいいじゃない。
SV―天皇陛下は好きですか?
チカ―あのさ、レーガンが来た時に、麻薬のことで、「日本、とりあえず、二千三十年まで!」
チカ―三十年ってのは何かあるのね。
俊夫―耳慣れない言葉でしょ。この間ね、竹芝桟橋から原宿まで一時間半もかかったの。タクシーで。だから車の中で、七三年、七四年って西暦を書いていったの。そしたら、「アタシ、西暦だったら二千三十年まで生きてるんだ」と思ったの。で、二千三十年って数字がドーンと目にきちゃって。

SV―今、あなたは幸福ですか。
俊夫―ハッピー、ハッピー、ノーテンキ。
チカ―あのね、不幸だったことがないよ。
SV―あなたは、何歳まで生きていたいですか。
チカ―とりあえず、二千三十年まで。
SV―二〇三〇年。
俊夫―とりあえず、東京とロンドンとイタリアって感じ。…便利な所であれば、三ヵ月単位で住みたい。とりあえず、オーストラリアに一ヵ月住みたいと書いて…
俊夫―オーストラリアが興味深く思います。忘れられてた国じゃない。でもスゴク遠いんじゃない。音楽やなんかでもメチャクチャ広いし、家賃も安い。
チカ―とにかく、いいじゃん。行ってみたいと思わない。分かんない。

SV―今、右と同じ。
俊夫―例えば、東京とロンドンとイタリア…
チカ―アタシは、空がきれいなだけじゃダメなんだ。
SV―日本以外で住んでみたい国はありますか?

とにかく、西暦を書いていくと不思議な感覚になってくるから。いい、一、二、三、…四七、…四七。ホラ、見てる、四十七年後よ! 今、ホラ、アタシが三十七歳。八十歳いってない! 何歳まで生きられるか、まっすぐ数だけで、あ、八十歳って答えられる人、少ないと思うよ(笑)。二千三十一年天皇ーカ。
チカ―それは、ピンとこないゴロねえ。
俊夫―どうも失礼しました。
SV―東京は、あなたにとって住みやすい街ですか。
チカ―全然、未来じゃないねえ(笑)。ひょっとしたら住みにくいかもしれない。二千一年天皇ーカ。
SV―二千一年に天皇ーカだって生きるとすると、二千一年天皇ーカに行っちゃったら住みにくいじゃないかな! 空。
俊夫―ニューギニアのジャングルかなんかに行っても、住みやすい都市のなかでは便利ですね。

チカ―何歳になるの? 百歳、百歳にはなるもんじゃない。せいぜい八十歳ぐらいなもんじゃない。

SV―月にどれくらいのおカネがあったら足りると思いますか。
俊夫―お湯出なくて困るもんね(笑)。
チカ―きれいだったら住んでいてもダメだよ。自動販売機ある。

55

SV—あ、きょうのメイクはいいねぇ。

佐藤千賀子（以下チカ）—アタシの顔ってキャンバスみたいでしょ。だから、メイクひとつで変わっちゃうの。

中西俊夫（以下俊夫）—素顔を見るとビックリするもんね。

チカ—中山千夏って言われる。

SV—ハッハハハ。似てる。

チカ—この間、ロンドンとイタリアに一カ月ぐらい行ってたのね。そしたら、ヨーコ・オノって言われちゃった（笑）。

俊夫—誉められてるのか、バカにされてるのか分からないんだよね。

SV—ロンドンお買徳情報なんである？

チカ—寒かったから外へ出なかったしね。

SV—ロンドンとイタリアに似てる？

チカ—アタシだけど、ロンドンからイタリアに行ったんだけど、ミラノにプラスティコっていうディスコがあんのね、そこが盛り上がってた。

SV—二人が演ってた。……プラスチックスから命名されたりとか……。

チカ—そうなの。

SV—えっ、ホント!?

チカ—初めて行ったのに、アタシたちのグループ名と、DJの男の子を始め、みんな、アタシのことを知ってたのよォ。で、いろんなパーティーに呼ばれたり、「ハンドレッド・コーズ」って雑誌から取材されちゃったりね。

SV—ビックリしたでしょ。

チカ—ニューヨークにたくさんあるプラスティック屋さんのイメージからなんですって。

SV—仕事で行ったんじゃないんでしょ？

チカ—ロンドンがつまんなくて、なんとなくイタリアに行きたくなっただけなの。イタリアに着いて、右も左も分かんないでしょ。ほいで、フィオリッチの友達に連絡して、空港に迎えにきてもらったってわけ。

SV—イタリアでも"テクノ"と"ラップ"が全盛なの？

俊夫—やっぱり、ラップ、ディスコ、なんじゃないのね。

チカ—そうですね。

PHOTO : MASA ONO
HAIR & MAKE : KOICHI MATSUDA
(STUDIO-V Cut Shop)
STYLIST : CHIKA SATOH

by VOICE

俊夫—二年前に、ニューヨークで、プロモート・ビデオを録った時は、ショックだったけど。

SV—二年前、すでに、"ブレーク"って言葉はあったの？

チカ—まだなかったんじゃない。

俊夫—いや、言ってたよ。"ダブル・タッチ"も出てた。とにかく、ブロンクスの公園に行くと、十二、三歳の子どもたちが、道にダンボール敷いて踊ってたんだが。

SV—ブロンクスアップされてない頃だね。

俊夫—ブロンクスとハーレムあたりだけだったからね。

SV—ピカントロプスでライヴ演る前に流すのがその二のビデオだね。

チカ—そう。そう。で、メロンの第二弾"ピカントロプスの逆襲"のPRさせてよ。

SV—「スネークマンショー」といっしょにやってるんだよね。

チカ—うん。A面がメロン、B面がウォーターメロン。で、スネークマンショーのギャグが両面に入ってるの。

俊夫—チカのヌード写真も付いている。

チカ—買った人だけのオタノシミ。でもなかなかの写真よ。

SV—カメラマンは？

俊夫—伊島薫。あのねぇ、メロンみたいなバンドは世界を見てもないからね、誇れるな。

SV—でも、世界って意味では、外国へのアプローチが必要だと思うけどな。

チカ—どんな会社でも、トップが腰をすえてくれないとダメよね。

俊夫—だから、ファッションの世界のほうがレコード業界より五、六年は進んでるんじゃないかな。ファッションなんて向こうとの行き来が盛んだもんね。レコード業界でも、外国へ行って、酒飲み交わすぐらいにしないとさ。結局、物事ってその辺のノリから始まるんだから。

SV—ま、レコード業界全体が大変な時期にあることは事実ですがねぇ。

中西俊夫という人がいた

寺島義和

Toshio Nakanishi was there - worldwide
Yoshi Terashima

　トシちゃんという人がいたことを、一人でも多く
の日本の人たちに知って欲しいと思っているんだよ
ね。この国から出て世界的に活躍している人として
は、坂本龍一さん、屋敷豪太さんが有名。その中で、
中西俊夫という人は、もしかしたら一般的にはそう
知られていないかもしれない。でもね、すごく世界
各国の人々に影響を与え、功績を残した人ですから、
ぜひ皆さん探求して下さい、日本が誇れる世界の文
化人です。(談)

寺島義和
元Sony BMG JAPAN 取締役副社長

トシさんの見ていた West London、
彼が住んでいた家の2Fベランダからの眺め

吉村輝幸

The view from the 2F terrace of Toshio's house in West London
Teruyuki Yoshimura

吉村輝幸
写真家。福岡県生まれ。ファッション、ポートレイト、風景などを主に撮影。
1985年、写真家としてデビュー。広告、雑誌媒体をメインに撮影。1992年渡英。ロンドン
でフリーランスとして写真活動を開始。1995年、U.K.のレジデントビザ取得。日英の広告、
雑誌の撮影。2012年、東京にメインベースを移す。
Instagram: https://instagram.com/teru_yoshimura
blenden ioc. (Agent): https://www.blenden.jp/artist/photographer/yoshimurateruyuki/
atelierline-40ct-525

MELON Chronicle

佐藤公稔
Kimitoshi Sato

佐藤公稔
DEVOの紙ジャケ再発やYENレーベルのBOX監修など、CD化企画を手掛ける。MELON関係ではベスト盤『新宿ブレードランナー』の企画、選曲を担当した。

年月日	カテゴリー	番組名／会場名／アルバム名	局／レコード会社	出演／名義／参加	イベント・タイトル	その他
1981						
2/21/1981	RELEASE	スネークマンショー『急いで口で吸え！』	アルファ	CLAP HEADS（中西、佐藤）		
3/2〜3/1981	FM	THE MUSIC NET WORK	FM大阪	中西俊夫、佐藤チカ		中西、佐藤選曲
4/30/1981	FM	THE MUSIC NET WORK	FM大阪	佐藤チカ		佐藤選曲
5/21/1981	FM	THE MUSIC NET WORK	FM大阪	中西俊夫		中西選曲
10/21/1981	RELEASE	スネークマンショー『戦争反対』	アルファ	MELON		
11月/1981	LIVE	ツバキハウス		MELON		
1982						
4月/1982	Recording	MELON 1stアルバム				アルファAスタジオ
6/21/1982	RELEASE	土屋昌巳『ライス・ミュージック』	EPIC	中西俊夫		
11/5/1982	RELEASE	MELON「PJ」	アルファ	MELON		7inch
11/21/1982	RELEASE	MELON『Do you like Japan?』	アルファ	MELON		
11月/1982	RELEASE	TRA02	TRA	MELON		カセット・マガジン。「メロンの気持ち」他収録
1983						
1/29/1983	LIVE	ピテカントロプス・エレクトス		MELON		
2/26/1983	LIVE	ピテカントロプス・エレクトス		MELON		
3/5/1983	LIVE	ピテカントロプス・エレクトス		MELON		
3/23/1983	LIVE	ピテカントロプス・エレクトス		WATER MELON GROUP		
3/26/1983	LIVE	ピテカントロプス・エレクトス		MELON		
4/30/1983	LIVE	ピテカントロプス・エレクトス		MELON		
5/4/1983	LIVE	ピテカントロプス・エレクトス		WATER MELON GROUP		
5/7/1983	LIVE	ピテカントロプス・エレクトス		MELON		
5/10/1983	LIVE	ピテカントロプス・エレクトス		WATER MELON GROUP		
5/21/1983	LIVE	ピテカントロプス・エレクトス		MELON		
5/25/1983	LIVE	ピテカントロプス・エレクトス		WATER MELON GROUP		
5/30/1983	RELEASE	スネークマンショー『核シェルター』	角川	中西俊夫		カセット・ブック
6/2/1983	LIVE	パルコPART3		MELON	モダーン・コレクションVol.3	
6/11/1983	LIVE	ピテカントロプス・エレクトス		WATER MELON GROUP		
6/25/1983	LIVE	ピテカントロプス・エレクトス		MELON		
6/29/1983	LIVE	ピテカントロプス・エレクトス		WATER MELON GROUP		
7/9/1983	LIVE	ピテカントロプス・エレクトス		WATER MELON GROUP		
7/30/1983	LIVE	ピテカントロプス・エレクトス		MELON		
8月/1983	RELEASE	中西俊夫『HOMEWORK』	TRA	中西俊夫		カセット・マガジン
8/6/1983	LIVE	ピテカントロプス・エレクトス		WATER MELON GROUP		
8/27/1983	PARTY	ピテカントロプス・エレクトス		MELON	MELONダンス・パーティー	

年月日	カテゴリー	番組名／会場名／アルバム名	局／レコード会社	出演／名義／参加	イベント・タイトル	その他
9/5/1983	RELEASE	山口良一『About』		中西俊夫		
9/10/1983	LIVE	ピテカントロプス・エレクトス		WATER MELON GROUP		
9/19/1983	LIVE	ピテカントロプス・エレクトス		MELON	公開ライヴ	『ピテカントロプスの逆襲』
9/24/1983	LIVE	ピテカントロプス・エレクトス		MELON		
10月/1983	RECORDING	小池玉緒		中西俊夫		プロデュース。当時未発表
10/28/1983	LIVE	ピテカントロプス・エレクトス		WATER MELON GROUP		
10/29/1983	LIVE	ピテカントロプス・エレクトス		MELON		
11/5/1983	LIVE	ピテカントロプス・エレクトス		WATER MELON GROUP		
11/26/1983	LIVE	ピテカントロプス・エレクトス		MELON		
12月/1983		Peter-Paul – An Imaginary Conversation With Your Present Lover		中西俊夫		プロデュース
12/21/1983	RELEASE	スネークマンショー『ピテカントロプスの逆襲』		MELON、WATER MELON GROUP		ドイツ盤は85年にリリース
12/25/1983	LIVE	ピテカントロプス・エレクトス		MELON		MUTE BEAT、ショコラータ
12/31/1983	LIVE	ピテカントロプス・エレクトス		MELON		
1984						
1/13/1984	LIVE	ピテカントロプス・エレクトス		WATER MELON GROUP		
1/14/1984	LIVE	ピテカントロプス・エレクトス		WATER MELON GROUP		
1/28/1984	LIVE	ピテカントロプス・エレクトス		MELON		
2/4/1984	LIVE	ピテカントロプス・エレクトス		WATER MELON GROUP		
2/25/1984	LIVE	ピテカントロプス・エレクトス		MELON		
2/26/1984	LIVE	ピテカントロプス・エレクトス		MELON		MUTE BEAT 20歳以下コンサート
3/3/1984	LIVE	ピテカントロプス・エレクトス		WATER MELON GROUP		
3/10/1984	LIVE	インクスティック		WATER MELON GROUP		
3/31/1984	LIVE	ピテカントロプス・エレクトス		MELON		
4/7/1984	LIVE	ピテカントロプス・エレクトス		WATER MELON GROUP		
4/28/1984	LIVE	ピテカントロプス・エレクトス		MELON		
4/29/1984	LIVE	ピテカントロプス・エレクトス		MELON		20歳以下
5/5/1984	LIVE	ピテカントロプス・エレクトス		WATER MELON GROUP		
5/12/1984	LIVE	インクスティック		WATER MELON GROUP		
5/20/1984	LIVE	河原町ビブレ21（大阪）		WATER MELON GROUP	「ビブレ・コンタンポラン」"ピテカントロプス・スペシャル	MUTE BEAT
5/26/1984	LIVE	ピテカントロプス・エレクトス		MELON		
6/2/1984	LIVE	インクスティック		WATER MELON GROUP		
6/13/1984	LIVE	ピテカントロプス・エレクトス		WATER MELON GROUP		スイカ食べ放題
6/22/1984	LIVE	シルクホール（京都）		MELON	MELON MAKING HISTORY TOUR 84	
6/30/1984	LIVE	ピテカントロプス・エレクトス		MELON		
7/1/1984	LIVE	ピテカントロプス・エレクトス		MELON		20歳以下
8月/1984	RELEASE	MELON「Do the Pithecan/Happy age」	FUZZ DANCE	MELON		イタリア盤。85年に独Pick Upよりドイツ盤リリース
8/21/1984	RELEASE	WATER MELON GROUP『COOL MUSIC』	アルファ	MELON		
8/24/1984	LIVE	ローマ		MELON	ローマ市主催「ジャパン・ジャパン・フェスティヴァル」	清水靖晃、フリクション、EP-4、ドクトル梅津等
8/31/1984	LIVE	渋谷東横劇場		MELON		中川勝彦・TM NETWORK
9月/1984	RECORDING	「Terimakashi」「新宿ブレードランナー」		MELON		97年にリミックスしリリース

年月日	カテゴリー	番組名／会場名／アルバム名	局／レコード会社	出演／名義／参加	イベント・タイトル	その他
9月/1984	FM	ザ・ライブロックショー		MELON		
9/1/1984	LIVE	インクスティック		中西俊夫、佐藤チカ	パフォーマンス・ライブ	
9/8/1984	LIVE	インクスティック		WATER MELON GROUP		
10/20/1984	LIVE	インクスティック		MELON		
11/7/1984	LIVE	渋谷東横劇場		MELON		サンディー&ザ・サンセッツ、ワールド・スタンダード
12/8/1984	LIVE	インクスティック		WATER MELON GROUP		
12/16/1984	TV	ライブ・ロック・ショー（テレビ東京）		中西俊夫（ゲスト）		司会：今野雄二
12/17/1984	RADIO	ピテカントロプスの逆襲		佐藤チカ（ゲスト）		司会：景山民夫
12/24/1984	LIVE	インクスティック		MELON		
1985						
1/3/1985	TV	「激突！四大お笑いプロデューサー」（テレビ朝日）		MELON		桑原茂一、高田文夫、景山民夫、喰始
1/26/1985	LIVE	インクスティック		MELON		
3/16/1985	LIVE	日本青年館		MIKADO、MELON		オープニング・アクト
4/5/1985	LIVE	インクスティック		MELON		
7/27/1985	LIVE	インクスティック		WATER MELON GROUP		
8/11〜27/1985	LIVE	イギリス・ツアー		MELON	SERIOUS LIVE SHOW	
8/20/1985	LIVE	カムデンパレス		MELON		
8/23/1985	LIVE	フリッジ		MELON		
8/24/1985	LIVE	エンバシー・クラブ		MELON		
9/1/1985	RELEASE	MELON「Serious Japanese」	SONY	MELON		日本盤。イギリス盤、ヨーロッパ流通盤もリリース
9/4/1985	LIVE	日本青年館		MELON		ワンマン
10/23/1985	TV	夜のヒットスタジオ（フジテレビ）		MELON		
11/25/1985	LIVE	日本青年館		MELON	MUSIC WAVE 85	BOØWY、サンディ&サンセッツ、ピンク
12/8/1985	LIVE	ラフォーレ・ミュージアム飯倉		MELON		
12/23/1985	TV	ファンキー・トマト（TVK）		MELON		
12/31/1985	TV	MUSIC WAVE 85（NHK）		MELON		11月25日のライヴ
1986						
1/28/1986	LIVE	インクスティック		MELON		
3/10/1986	LIVE	中野サンプラザ		Strawberry Switchblade、MELON		オープニング・アクト
3/11/1986	LIVE	中野サンプラザ		Strawberry Switchblade、MELON		オープニング・アクト
7/25/1986	LIVE	インクスティック		MELON	FUJI AV LIVE	ヴィジュアル 佐藤信
1987						
2月/1987	RELEASE	MELON「Funkasia」	EPIC	MELON		イギリス盤
3/6/1987	LIVE	インクスティック芝浦		MELON		凱旋ライヴ
4月/1987	RELEASE	MELON『Deep Cut』	EPIC	MELON		イギリス盤。ヨーロッパ流通盤もリリース
4/22/1987	RELEASE	MELON「Hardcore Hawaiian」	SONY	MELON		日本盤。イギリス盤もリリース
6/21/1987	RELEASE	MELON『Deep Cut』	SONY	MELON		日本盤。香港盤もリリース
6/21/1987	RELEASE	MELON「Gate of Japonesia」	SONY	MELON		日本盤。イギリス盤もリリース
9/27/1987	LIVE	西武百貨店池袋店3F 納品所特設会場		MELON	KING KONG KINGDOM	高木完、藤原ヒロシ
10/29/1987	LIVE	バハゲッシャリー（福岡）		MELON		
12/10/1987	TV	LIVE TOMATO(TVK)		MELON		9月27日のライヴ
1/8/1988	LIVE	インクスティック		MELON	MELON ON WHEELS OF STEEL	実質ラスト・ライヴ

MELON ALBUMS & SINGLES

ALBUMS

Do You Like Japan?
(1982)

Deep Cut (1987)

Deep Cut Remix (1992)

新宿ブレード・ランナー
(1997)

Full Grown (2006)

SINGLES

P.J. (1982)

Do The Pithecan (1984)

Serious Japanese
(1985)

Funkasia (1987)

Hardcore Hawaiian
(1987)

The Gate of Japonesia
(1987)

Melon On Wheels Of
Steel (1987)
(Promotional)

Terimakashe (1997)

トシの色と音楽は

ハウイ B

His colour and music are
Howie B

　トシに初めて会ったのは80年代後半、ロンドンで、私がゴウタとSoul II Soul アルバムの仕事をしていた時でした。ウエスト・ロンドンの彼等のスタジオでトシとクドウに会いに行ったのです。トシの素晴らしいところは、音や曲の構成に対して実験的な試みをするという態度です。彼は私が見たこともない楽器をスタジオに持ち込んでは、「この曲の中でどんな風に聴こえるかやってみようぜ」といった感じでした。それでいて彼の選んだ楽器は何時もタイムリーでぴったりの選択でした。私のレーベルPussyfoot Recordsのアーティスティック・ダイレクションにとってトシはなくてはならない存在でした。そしてそれは音楽のみに止まらず、レーベルの「顔」とも言える、レーベルの性格をくまなく表現するアートワークも彼が担当しました。90年代の素晴らしいコラボレーションは今なお新鮮です。

　スタジオ入りする度に、彼の色と音楽は私の中で生き生きと蘇ります。

ハウイ B

　I first met Toshi In the late 80s in London when I was working with Gota on the first Soul II Soul album . I would meet him and Kudo at their studio in West London . What I loved about Toshi was his attitude to experimenting with sounds and structure . He would bring these amazing instruments into the studio which I had never seen before and he would say let's plug this wee baby up and see how it sounds In this song . Boom it always was the right choice and the right moment . It didn't stop at music with Toshi he was integral to the artistic direction of the record label I owned Pussyfoot Records . He gave the label "face" his artwork was so in touch with music . A beautiful collaboration that still looks as fresh as it did in the 90s .
　His colour and music are alive in me every time I go into the studio .

Howie B

Howie B

スコットランド出身。アンダーグラウンドからメジャー・シーンまで幅広く活動するDJ / エンジニア / プロデューサー。ビョーク『Post』から『Homojenic』、U2『POP』、ヴィム・ヴェンダースのサントラ『The End of Violence』等が有名。自身のレーベルPussyfootではソロ・アルバムをリリースするほか、レーベル単位での活動も旺盛である。1990年代にロンドンで中西俊夫とSkylabを結成し、Pussyfootのアート・ディレクションも中西に依頼していた。ハウイとPussyfootは、今後日本での活動も予定。

中西俊夫『Tycoon Tosh Peeling the MELON slowly』について

熊谷朋哉（SLOGAN）

About Tycoon Tosh Peeling the MELON slowly
Tomoya Kumagai (SLOGAN)

　この国における中西俊夫の評価が低すぎることに苛立っていた。

　中西がロンドンから日本に帰ってきた2002年、この国は世界への門扉を様々な意味で下ろし / 閉じ始めつつあった。世界ではグローバリズムが一般化し、海外旅行は楽になり、インターネットによって、世界中の誰もが同じものを見聞きするように思われていたのにもかかわらず。実はそもそも中西が帰国したことも、日本が閉じ始めたことの現れだったと言えるかもしれない。

　それ以降の日本では、言論もコミュニケーションもエンタテインメントも、なかでも特に音楽は、本当にこの国独自の進化？を辿ってしまうことになってしまった。結果として、世界と呼吸を同じくする少数の表現と、ドメスティックで日本以外の世界を意識することのない表現の間の大きな乖離が生まれた。

　音楽には、紙に印刷されるべきものすべてを遥かに素早く捉える機能がある。早くも1986年、中西はMELONで「The Gate of Japonesia」を発表している。

　そして、インターネットが生まれるはるか以前から、中西俊夫の活動は既に文字通りグローバルなものだった。なぜ彼はあのように普通に世界を目指すことができたのか？　この乖離の中、中西に続く存在は、今に至るもなかなか生まれてこない。

　ここで簡単にその歩みを振り返ってみる（より詳しくは、中西俊夫自伝『プラスチックスの上昇と下降、そしてメロンの理力』を参照）。

　中西は1976年に立花ハジメ、佐藤チカらとともにプラスチックスを結成。1979年、英国ラフ・トレードからシングル・デビュー。翌年日本国内メジャー・デビュー。2度のアメリカ・ツアーを経て1981年にはアイランド・レコードから『WELCOME BACK』で世界メジャー・デビューを果たしている。その後ワールド・ツアーを行い、最初の解散。

　中西と佐藤はMELONを結成、1982年に『Do You Like Japan』をリリース、その後原宿につくられたクラブ、ピテカントロプス・エレクトスでの箱バンドを経て、徐々にヒップ・ホップに傾倒。本書にも執筆する工藤昌之や屋敷豪太らがMELONに加入し、1987年にはロンドン・レコーディングの『Deep Cut』をリリース。1988年には日本初のヒップ・ホップ・レーベル、Major Forceを設立（主要メンバーは中西、工藤、屋敷、高木完、藤原ヒロシ）、世界へ東京のヒップ・ホップを発信する。

　1992年、中西俊夫は家族、そして工藤の家族とともにロンドンへ移住。後にMo' Waxを設立する

『プラスチックスの上昇と下降、そしてメロンの理力・中西俊夫自伝』

『コピーはロボット』

ジェームズ・ラヴェルらと出会い、Major Force West を設立してロンドン制作作品のリリースを行う。さらにハウイB、マット・デュカスらとともに Skylab を結成、トリップ・ホップと呼ばれたブームの一翼を担う。また、ハウイが設立したレーベル Pussyfoot でもアートワーク提供を行うとともに、自らもプロデューサーとして活動する。

2002年、前述の通り、日本に帰国。その後は東京をベースに音楽はもちろん、ファッション、絵画、執筆といった多彩な活動を展開する。しかし2017年、残念ながら中西俊夫は惜しまれつつ生を閉じた。

多面的で幅の広い活動、独特の深度を持つその業績を捉えることはなかなか難しい。また多方向からの言及が可能であるだろう。ともあれ、彼が「日本という門」の乗り越え方を自ら悠々と体現したアーティストのひとりだったということは間違いがない。

今回、中西の活動において大きな役割を果たした永井誠治、工藤昌之、屋敷豪太、久保田麻琴、立花ハジメといった人々に、中西俊夫とはなんだったのか? という質問を投げかけてみた。回答は本書に収録されたインタヴューの通りだが、永井は「東京の象徴」、工藤は「才能の塊」、屋敷は「恩師」、久保田は「ルネサンス・マン」と答えている(立花は、「極楽トンボ」である)。

確かにその通りだった。自伝や記録集『コピーはロボット』を見ていただければ明白であるが、その活動の足跡は文字通りに当時の東京をプレゼンするものであり、世界的にも最先端の部分を歩き続けていた――恐るべきことには、そのアンテナは、世界の良い部分はもちろんのこと、悪い部分をも敏感にキャッチしてしまっていた。活動の多彩さ、特に海外における評価の高さと記憶の残り方は文字通りに才能の塊そのものであり、ルネサンス・マンという形容は確かに相応しい。また、多くの人に恩を惜しむことのない、フェアで、普通に心優しいひとりの生活者でもあった。

各人それぞれの、より詳細な中西像については、ぜひ本書各項をご参照いただければと願う。

プラスチックスやMELONの初代マネージャーであった桑原茂一氏がかつて筆者に語ったことがある。「中西俊夫という才能を世界に売りたかった。こんな才能が東京にいるということを世界に知らしめたかった」「僕は、中西俊夫という才能に賭けた」……。桑原氏の最初の狙いは、かなりの程度成功したと言うことができる。逝去の際に世界中から届いた悲しみの声の多さがそれを雄弁に示している。

問題は、彼のあとに続く存在がそう多く見当たらないこととも言える。中西がその乗り越え方を示した日本の門扉は閉じられ、さらにはそれが意識すらされないようになっていることだ。

残念なのは、当時の中西が、再び世界を目指す直前の場所にいたことだった。2016年のプラスチックス再結成の際には、ZE から再びの世界デビューとアメリカ・オースティン、SXSWでのライヴが確定していた。中西は、再び世界に向けてその弓を振り絞っていたといえるだろう。

今となってはただただ無念としか言いようがない。しかしながら、完全に準備を整えたプラスチックスの最後にして見事なパフォーマンスは、2016年Blue Note Tokyo公演を記録したライヴ・アルバム『A』として永遠に記録されている。

またこの時期の、彼独特の冷静さとフェアネスと繊細さ、同時に静かながらも強靭な覇気を感じさせるインタヴューが前述『コピーはロボット』に収録されている。

早過ぎる逝去と日本の状況の変化は、中西の業績が本当に像を結ぶことを難しくしてしまっているように思う。改めていまその足跡を振り返っても、これほど国際的で、多面的なロックンローラー／"ポップ"・アーティストは珍しい。プラスチックスで世界を回った後、今度はラッパーとしてNYやロンドンの最前線に立った。画家として大量の作品を残した。世界中のファッション関係者と関わって、ストリート・ハイ・ファッションの基礎をつくった。その価値が、どれくらい今の人々に響くだろう。

中西の作品と足跡は、今もその全貌を見せることがない。彼は、あらゆる国境を越えたところで、発見されることをずっと待ち続けている。しかも実は本当にすぐ、手に届く距離で。

本書と本展覧会『Tycoon Tosh Peeling the MELON slowly』では、主に、中西俊夫のMELON以降の歩みがまとめられている。タイトルは生前に筆者との間で話し合われていたもの。

絵画においては、1990年代以降、ロンドンから東京で制作されたものがメイン。中西は最後まで、一枚の絵を限りなく描き直すことをためらわず、brand new paintingsと称していた。自身のアンテナでキャッチしたものを記録せずにはいられないように、意識に残る情景やメッセージ、キーワード等を描き込んでいきながら、独特のラブリーさやユー

モアが溢れ出る作品が並ぶ。彼自身のメディアとしての絵画の意義には独自のものがあると考える。

ヴィンテージの衣装については、実際に中西が着用していた衣装をまとめることができた。中西自身がカスタムしたものも多い。ヴィヴィアン・ウエストウッドやマルコム・マクラーレンらとの直接の交流から始まった日本におけるパンク・ファッション史としても、大変に貴重な内容である。

惜しみないご協力をくださったご家族、関係者の皆さんに心よりの感謝を申し上げる。取材にお応えくださった方々にもまた。さらに、今回は中西最晩年のSAVE THE TOSH!!にご協力をくださった皆さんから作品の貸し出しも受けている。こちらについても深い感謝を申し上げたい。

中西俊夫という、今も全貌を明らかにしない未確認飛行物体の旅がまだまだ長く続くことを希望する。

さらに願わくば、日本の門扉と乖離を意識なく超えるような若い方々がひとりでも多く出てきてくれることを。

トシちゃんっていうロックンローラー／アーティストがいたんだぜ。

NYのセントラル・パークでもLAのハリウッド・ボウルでも、日本武道館でもライヴをやってたくせに、ママチャリに乗って、明るくて、どこにでもひょいと現れて……。

熊谷朋哉（SLOGAN）
本書編集者

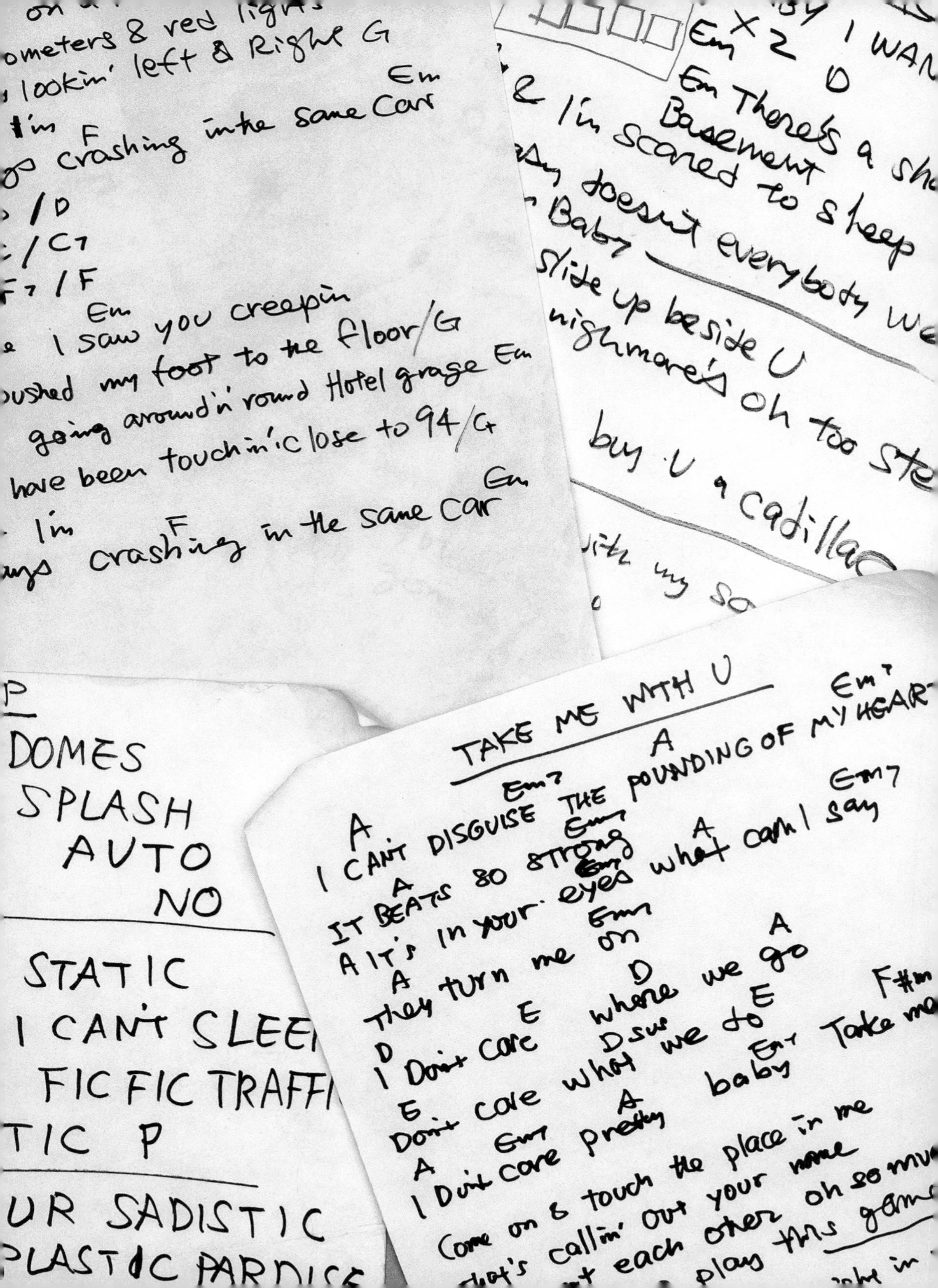

on a [...]
ometers & red ligh[ts]
lookin' left & Right G
I'm F
go crashing in the same Car Em
> / D
> / C7
F7 / F
e I saw you creepin Em
pushed my foot to the floor /G
going around 'n' round Hotel grage Em
have been touchin' close to 94 /G
- I'm F
uys crashing in the same Car Em

Em x 2 I WAN[T]
Em There's a sh[...]
Basement
& I'm scared to sleep
doesn't everybody we[...]
Baby
slide up beside U
nightmare's oh too ste[...]
buy U a cadillac
with my s[...]

P
DOMES
SPLASH
AUTO
NO

STATIC
I CAN'T SLEEP
FIC FIC TRAFFI[C]
TIC P

UR SADISTIC
PLASTIC PARDISE

TAKE ME WITH U
A   A   Em7
I CAN'T DISGUISE THE POUNDING OF MY HEART
A   Em7
IT BEATS 80 STRONG
A It's in your eyes what can I say
A   Em7
They turn me on Em7
D   E   where we go   A
I Don't care Em7
E   Dsus   we do E
Don't care what   F#m
A   Em7   baby Em7 Take m[e]
I Don't care pretty
Come on & touch the place in me
that's callin' out your name
each other oh so mu[...]
play this game

OF PEACE

night again party time wasting is 2 much fun
. thinkin' of life inner meanings is latest fling
some old [crossed out] story all love & glory it's a pantomine
makin' 4 LUV ina Lookinglass world is hard 2 find
[pearl] I wouldn't trade U for another girl
...tion always my intension so take my three
...mething he always wanted but never mine
...at Something just glowing Very Holly grail
— Lustrous Lady of a Sacred world
thu-stara, another time loser could believe in U
own every Idols bring down it get U down
...rfection your own predilection
on ton
...ve a place in a country everyone ideal
...ita and a place in your heart dear
...real.

I wouldn't change you for a whole world
...holly with lots of soul melancholy shimmering
...ress [crossed out: like a simple tune]
...eakness like a simple tune

...te Fillgree fancy Been the plastic you
...over expose and ann... ...right in 2 view
...ina looking glass... ...land 4 U
...sses boo... ...making all ...
guilt... A

A
YOU

...DES THERE
...n here
...swear
...th are well   A
D
in the citadel
...ansion
...n the town

...real B
nowhere man
A nowhere plans for nobody
NO WHERE MAN
sitting in his nowhere land

D
SHE SHE T...
& I like a f...
D
she she sai...
but [crossed out] then s...
D
why am I sta...
O
She only did me
O
She she devoure...
Took everything
D
She laughed whil...
was a such a
*
& F

...fraget city
...me alone you know
...nry get off the phone I go
...my face This mellow thigh
...ut my spine out of place
...hool days insane
...s down the drain
...total blam blam
...d to squeezed it
...caint afford
...t got no ti...
...be unkind
...take you this
...roosie don't crash
...for ...

中西俊夫へ2023年5月5日

立花ハジメ

To Toshio Nakanishi 2023-05-05
Hajime Tachibana

中西を日赤病院に見舞いに行って本当に良かった、、、
当時中西が弾いていたギターの弦を張り替えたりした、、、
いつも大勢の見舞い客で中西は幸せな奴だ、、、
一瞬一秒たった一度の人生だから、、、

初めて中西に会ったのは渋谷のファイヤー通りにあった文化屋雑貨店だったかもしれない、、、
文化屋で働いていたセニオールと仲が良かったのがチカだった、、、
そのうち中西とチカはいつでも一緒に入るようになった、、、
僕はグラフィックデザイナーの卵中西はイラストレーターの卵
チカはスタイリストの卵だった、、、

いつの間にか5人組のプラスチックスというバンドになっていた、、、
仲間内のパーティーとかで演奏するお座敷バンドだ、、、
すべて友達のおかげで起こった、、、
誰かがそれをするように頼んだので起こった、、、

プラスチックスはSANYOのロゴ
Aの所にO
そうするとIt's a SONY、、、
外人さんも ん？ SONYか？
よく見るとSANYOぽくない？
コピレーメモれー
COPY = ROBOT
コピーはロボット
それがプラスチックス、、、
TVるな海老るなKnock Me Down
Talking by Myself
ロンドンニューヨークP-ちゃん
世界に進出だ、、、
日中の日本を持って世界へ

ポリプロピレンのフォトグラファー
1週間でビルが立つ
1週間でビルが壊れる
インスタントでオールナイト
ミュータントでオールナイト
Both Ends Burning
ご先祖は燃えている

ぷしゅーーー

2017年4月13日六本木SuperDeluxe、
「THANK YOU ORIGATO中西俊夫」にて

立花ハジメ

東京生まれ。1972年にグラフィックデザイングループ「ワークショップ MU!!」に参加。1973年、来日したデヴィッド・ボウイの後を追って渡英。1976年プラスチックス結成。リーダー。解散後はソロ・アーティスト / グラフィック・デザイナーとして幅広い活動を展開。2019年、新バンドHm（ハーマイナー）を結成、シングルもリリース。2021年には詩集『ORIGATO PLASTICO』も出版し、詩人としてもデビュー。

ORIGATO ありがとう、中西俊夫 aka Tycoon Tosh

momo

Origato Tycoon Tosh

momo

momoは、このちゃんとした本にこの文章を載せていいのかどうか、心配です。

あの頃はいっぱいいっぱいになって、できること、思いつくことをやっていただけなので、記憶も朧気なのです。

Hot buttered Clubでトシちゃん、ツルちゃん、momoとの3人でやっていたLIVEイベントで個展を開くことになって、しかしその初日にトシちゃんが体調不良で参加できなくなりました。その時は、まさかそれが続くことになるとは思っていませんでしたが……。

入院することになり、それからmomoはしつこく病院に通うようになり、暇つぶしに付き合って、筆談トークになっても、しかし面白さは相変わらずのトシちゃんでした。新しい曲を構想したり、マリリン・モンローだー！とシルクのスカーフのデザインを考えるなど、やる気も変わらず！

その頃から、いつの間にか、momoは、バンド・メンバーというよりもマネージャーになっていました（笑）。

毎月やっていたLIVEイベントをGOD SAVE THE TOSH!!と銘打って、みなさまからの募金を募り、毎月ボランティアでゲストを招く形にしました。本当に、たくさんの方々に協力していただきました。トシちゃん自身も、（病気になってからようやく？）周りの人やファンの方にこんなに愛されていたんだね！と、驚き、とても感謝していました。

「僕の代わりはKANちゃんだね！」「（バンド名は）ダイアモンド・ヘッズだ！　カッコいい！」

日々、トシちゃんが眠るまでメッセンジャーでいろいろと会話をしていたなかで、SAVE THE TOSH!!で演奏するプラスチックスのコピー・バンドの名前が決まりました。トシちゃんは、「島ちゃんは大丈夫か?!」とも言っていましたが、島ちゃんも、他の方々も、トシちゃんの理想通りのメンバーが快く参加してくれました。

「Tycoon Toshフェスをやろう！！」

それを思いついた時は、何がどうなるか、考えてもいなかったことですが（2017年4月13日、六本木SuperDeluxeにて開催）、みなさんのトシちゃんへの愛で、momoの思いつきとワガママに付き合っていただきました。ハジメちゃん、ヒカシューチーム、VJ、DJの方々、ダイアモンド・ヘッズもケンジャーも参加して、念願の"お客さんがいっぱい！"になって、トシちゃんも笑って喜んでいたと思います。ありがとうございました。

トシちゃんともっと長く深い付き合いの方々がたくさんいるところで、momoがこういったことをやらせていただけたことには感謝でしかありません。トシちゃんに会っていなかったら、音楽やほかの素敵な世界に関わる人生もなかったかと思います。

中西俊夫は早くに地球に来た宇宙人。

いまは宇宙からまた笑って見ているでしょうね。笑。

momo

キーボーディスト / ダンサー。2002年からプラスチックス、中西俊夫のプラスチック・フォーク、プラスチック・ボム、The Ghetto Blasterz、立花ハジメのLow Powers, Hm, Major Forceの活動をサポート。

中西さおりより皆様へ

Afterword
Saori Nakanishi

　ちょうど七回忌を迎えた今年、主人の活動記録や生活を彩った洋服類を出版・展示下さることになり、心より感謝申し上げます。
　私は最期を看取りましたが、彼にはアーティストとしての意志が強くありました。中西俊夫を風化させない為にも、遺された者として、支持して下さる方々を大切に、また次世代の方々が"中西俊夫"を知る機会を絶やさないように、微力ながらもご協力できたらと思います。
　ありがとうございました。

中西俊夫 Tycoon Tosh Peeling the MELON slowly

中西俊夫：メロンのむきかた Tycoon Tosh Peeling the MELON slowly
寄稿：永井誠治、工藤昌之、屋敷豪太、久保田麻琴、宮崎洋寿（A Store Robot）、寺島義和、
　　　吉村輝幸、佐藤公稔、ハウイ B、熊谷朋哉、立花ハジメ、momo、中西さおり
写真：田島一成、大和田良、奥田一平
企画協力：momo、宮崎洋寿（A Store Robot）、山口美波（VIVA strange boutique）、
　　　高山康志（RUSH! Production）
作品出品協力（SAVE THE TOSH!!）：大沢伸一、小島淳二、ヒロ杉山、田島一成、田中知之、TEI TOWA、
中村剛、西川博史、屋敷豪太

写真クレジット
©tajima kazunali: P.37-39, P.41-51, P.56-75
©Ryo Ohwada: P.19-21, P.52-54, P.88-89
©Ippei Okuda: P.22-36, P.40

編集：熊谷朋哉（SLOGAN）
デザイン：渡部伸（SLOGAN）

発行者：熊谷朋哉（SLOGAN）
発行所：株式会社スローガン
印刷：サンエムカラー
第一刷：2023年5月25日
ISBN: 978-4-909856-11-1

株式会社スローガン
東京都港区麻布台3-3-25 和朗フラット弐号棟 #7
Phone: 03-3568-1488 Fax: 03-3568-1489
https://www.slogan.co.jp/
info@slogan.co.jp